U0658626

重塑法国

法国总统马克龙访谈录

Macron
*par*Macron

Emmanuel Macron, Eric Fottorino

[法] 埃马纽埃尔·马克龙 著
[法] 埃里克·福托里诺 编

钱培鑫 译

上海译文出版社

自 录

前 言

每一个人都看到你的外表是怎样的，但很少人摸透你是怎样一个人。

　　　　　　　　　　　　　　　　　　　　　　　．

　　　　　　　马基雅弗利《君主论》

　　埃马纽埃尔·马克龙持续不断地引人关注，三年前还几乎鲜为人知，如今成了二〇一七年总统大选的主角。但是这位精通哲学的法国国家行政学院毕业生，先后做过投资银行家、数字经济的吹鼓手、奥朗德总统办公厅副秘书长、法国经济部长的政坛另类，他究竟在想些什么呢？二〇一五年以来，我们多次采访过他，谈到法国社会的深层次问题、他的思想形成、他的政治观以及他的文学爱好。本书收入刊登在《壹号周刊》的两篇采访，第三篇采访为首次发表；

全文刊登马克龙追忆米歇尔·罗卡尔和自己精神导师亨利·埃尔芒的两篇文章，他们两人都于二〇一六年去世。还有三篇从不同视角看待埃马纽埃尔·马克龙和"马克龙主义"的文章——法兰西学术院院士、作家马克·朗布龙文笔诙谐、深有见地的特写，记者兼随笔作家娜塔莎·博洛尼不留情面的评判，政治学家樊尚·马蒂尼对埃马纽埃尔·马克龙大力主张的、逆既得地位和利益而动的流动性社会的分析——使得本书更为完整。

　　法国政坛上循规蹈矩、坎坷失意者比比皆是，埃马纽埃尔·马克龙成功突破，单从民众需要更新政坛来解释这种现象，似乎有点以偏概全；如果说是他的年轻和胆量吸引了一部分选民，也不够全面。某种因素在起作用，它在我们社会生活的深处回响。那是一种感觉：民主体制病了，运转不灵了。不，情况还要糟糕：民主体制已经一蹶不振，被职业政客没收了。"没有留过级的"马克龙打破政坛的游戏规则，表明他可以取悦左右两派，所以更加有必要仔细研究这种首先在阅读和学习过程中逐步形成、然后经过实践磨砺的思想。从我国政治体制中缺失君主到抨击各党派意识形态的空虚，摒弃法国的行会主义和墨守成规……大有当选下一届总统之势的他——半年前谁会相信呢？——在此畅谈，直言不讳。

《壹号周刊》不以支持候选人为己任。我们是记者，不支持任何候选人。批评精神，或者说凡事先问为什么，是我们的第二天性，它能保持我们的精神卫生。反过来，设法理解人们所说的"马克龙现象"则是我们的分内事，刨根问底是记者的职责所在。一九六二年戴高乐将军通过直接普选担任国家元首，不管今年大选最后的结局如何，埃马纽埃尔·马克龙都将打破从那时候起一直有条不紊的选举节奏。在过去，"问鼎"爱丽舍宫需要时间，需要几年甚至几十年才能"造就"一个候选人。只有那些早年投身政治、在共和国市镇或地区等地方议会干到两鬓花白（尽管偶尔有些人是故意染的……），然后在国会，或者在金碧辉煌的部委，最好在掌握国家主权职能的部委展露才华的征服者，才能获得共和国的这尊圣杯。雷蒙·巴尔[①]、爱德华·巴拉迪尔[②]们在谋取最高职位的时候，没有或者很少得到民众普选的青睐，他们功亏一篑，曾经多少次令人扼腕叹息？总统一贯出自朱庇特的大腿，也就是说来自一个代表国家政体两级化态势的强大政党的支持，这种话说了不知多少遍，以至被奉为不成文的定律。甚至有人扬言没有政党就没有获

[①] Raymond Barre (1924—2007)，法国前总理 (1976—1981)，1988 年参加总统竞选。

[②] Edouard Balladur (1929—)，法国前总理 (1993—1995)，1995 年参加总统竞选。

得拯救的希望。我还记得普朗图①的一幅漫画，画面上希拉克开着飞机，身边是他竞争对手巴拉迪尔，飘在空中。雅克·希拉克满脸自信，笑嘻嘻地冲他说道，从来没有见过一个不借助飞机②就能飞翔的候选人。掉下去可不好玩啊。果然如此。

　　由此可见，埃马纽埃尔·马克龙在这场选战中异军突起，不仅令人惊诧，而且振聋发聩。他没有参选的经历，没有脚踏实地的经验。唯有年轻可以充当担保。他发起一场与自己姓名的字母缩写相同的运动——"前进"③——来应对故意高调不隶属某个大党——比如说社会党——所造成的局面。一种介于摇滚明星和电子乐配器的电视福音布道之间的风格，偶

---

① Plantu（1951—　　），法国时政漫画家，从1972年起与《世界报》等报刊合作。
② "飞机"（appareil）亦指"机构"，在此用作双关语。
③ 埃马纽埃尔·马克龙和他发起的"前进"运动都可以缩写成EM。

尔把人带入空灵飘渺的境界，就像在里昂的八千人集会上出神入化地吟诵热内·夏尔的《修普诺斯的书页》[①] 那样……鲍勃·迪伦唱道："时代变了。"自古英雄出少年，人生的价值似乎不必再久久等待。左右分野的局面遭到重创，因为行文至此，在墨水干燥之际，最有希望夺冠的是两位反体制色彩更浓的候选人，即玛丽娜·勒庞和埃马纽埃尔·马克龙。出于各种原因，此时的现状令人不安，各大党派内部初选的获胜者可能无法进入总统大选的第二轮角逐。左翼的布诺瓦·阿蒙无法聚集党内的阵营，右翼的弗朗索瓦·菲永则未能恪守廉洁的准则，他将此奉为信条，大言不惭地说道："谁能想象戴高乐将军被起诉？"到头来自食其果。

面临这种局面，了解埃马纽埃尔·马克龙的所思

[①] René Char (1907—1988) 写于 1946 年的诗歌集，记述抵抗运动时期的事件和感想，反映诗人与战士的内心纠结，流露出悲观的人文精神。夏尔将诗集题献给阿尔贝·加缪。

所想，了解他对法国的愿景，就不是一件无足轻重的小事了。"前进"运动的总统候选人似乎代表着一代自发产生、经历独特的新的政治领导人，关键还要知道他的思想是否与众不同（类似苹果公司创始人史蒂夫·乔布斯信奉的那种"非同凡想"）以及这种另类思维能否为二〇一七年的法国树立远大的抱负。

《壹号周刊》社长、本书协调人

埃里克·福托里诺

一

我遇到了保罗·利科，
他在哲学上对我的再教育 *

　　大家都知道您喜欢哲学。这种嗜好是怎么产生的？什么时候开始的？始于交往还是阅读？

　　这种嗜好没有明确的起因。我感到自己先是喜欢公众事务，然后才爱上哲学。我是从阅读入手接触哲学的，起初读得比较随意，读过马赛尔·孔什（哲学家，生于一九二二年）的著作，进入大学预科班之后，上了正规的哲学课。

　　康德使我真正进入哲学，我最早受到他的影响，还有亚里士多德。不过这也没什么特别！哲学令我感

15

动，康德给了我很多这样的时刻，也归功于他的译者亚历克西·菲洛南柯，他对康德的点评非常精彩。不知道现在是否还有人读这些书……我花了很多时间读康德、亚里士多德、笛卡儿的书。这种精神庇护所、对世界的想象、借助不同的棱镜将一种意义赋予世界都是至关重要的。然后我发现了黑格尔，并且把他作为"高等深入研究文凭阶段[①]"论文的研究对象。

哪位老师对您格外有影响呢？

艾蒂安·巴利巴尔[②]对我的启发很大。听他的课是一种相当少有的哲学训练。他的知识渊博，一个概念摊开来，可以讲两个小时。到了下一节课，为了找回思路往下讲，通常又会滔滔不绝地作一个半

[①] 相当于博士一年级的国家文凭，获得该文凭之后，才能继续博士阶段的学习。
[②] Etienne Balibar（1942—   ），法国哲学家。

小时的开场白，主要回顾上一节课的内容。我跟他学了三四年，在他的指导下写了一篇关于马基雅弗利的论文。我就在那时候放弃了形而上学，转向政治哲学。

您当时就打算从政……

没那回事！之所以转向，是因为我对理解现实世界感兴趣，通过政治哲学把哲学的理论空间与实在联系起来，政治哲学能够让实在与概念形成张力，用概念的光芒来阐明实在。

实在？

读过亚里士多德的人都知道，哲学首先建立在与实在的关系之上。亚里士多德的著作包含分类学、植物分类……笛卡儿也是如此。哲学始终与实在保持密切的关系，形而上学论者也不例外。黑格尔说过，读报是每天早上必不可少的哲学操练。

　　那是现代人的祷告……

　　说得对！我然后遇到了保罗·利科（1913—2005），他在哲学上对我进行再教育。

　　进行再教育？

　　是啊！因为我又从零开始……第一次见到他的时候，我还没有读过他的书呢，俗话说无知者无畏，我把他当作普通人看待，不觉得胆怯，而当时他正苦于被人视为偶像。我们初次见面聊了几个小时，末了他递给我一份手稿，大约有五十来页，那是《记忆、历史、遗忘》的第一篇讲稿。我做了一些旁注后把稿子还给他。我当时绝对一窍不通，但是他不予计较，给我回了信。事情就这样开始了。我跟着他读了或者说重读了古代哲学。他研究、教授古代哲学长达半个世纪,所以能够以与众不同的距离看待古典哲学。他住在"白墙楼"①,我每天上午登门,我们一起读书。不管在哪儿,他每天上午都在读书,旅行的时候也不例外。下午则用来写作。

回过头来看,您如何评价他的哲学贡献?

利科提出了三个非常重要的概念。首先是关于政治代表的概念,他分析了各种形式的政治代表。他还是对政治中的暴力和恶作过最深刻思考的哲学家之一,对反极权主义思潮有过影响,可惜人们忘了这一点……最后,他属于深入思考协商性哲学的西欧哲学家之一。他考虑是否能构建一种非垂直的(即不是由权力关系所决定的),同时摆脱不断来回、反复协商的行动。

————————

① 位于巴黎西南郊的沙特奈马拉布里镇,离巴黎市中心十公里左右。"白墙楼"是法国著名左翼思想刊物《精神》(*Esprit*)编辑部所在地,保罗·利科1957年来此居住,经常在《精神》杂志上发表文章。

这种整体性思考根植于他的新教文化中，因为他是从诠释学、从阅读宗教与哲学著作入手进入哲学领域的。这给他带来了巨大的自由。他表明，一个人只要会读书，哪怕不是专家，也能对某个问题进行思考。那是他的方法。他用这种方法对精神分析做了十分透彻的论述。也是我得到的最大收获之一，那也是一种政治文化。

政治文化？

政治文化的意思是，假如人们从本质上进行抨击的话，任何进入公共讨论范畴的因素都是可以批评的。保罗·利科开辟了一条与三十年来我们的政治和哲学生活平行的道路。另一条一九六八年之路。一九六八年五月风暴掀起一场解构权威的运动。他始终在结构主义和五月风暴参与者的边缘进行反思，他只以文献为主，从某种形式上研究政治的真理。他承认诠释可以有复调性，或者说有多样性。

那么是否要说政治没有真理可言？

不能这么说，因为真理始终是一种追求，一种研究工作，是基础性的，它能够让协商性政治摆脱虚无主义和任何形式的玩世不恭。这也就是说，绝对的真理意味着暴力，不能解决问题。不过人们在继续探索真理，尤其是探索某种形式的、受到决策阻碍的持久协商。

持久协商需要从长计议，与决策的刻不容缓形成悖论，这就是目前执政的困难和症结所在。摆脱困境的唯一办法，在于显著提高持久协商所必需的横向透明度，同时动用更为垂直的关系来帮助决策。不然的话，要么出现专制，要么政治不作为。

即使利科认为政治上不存在绝对真理，但是的确存在一种恶，一种政治特有的、行使权力所固有的恶。

这种恶是人类行为所造成的，而人类行为不可避免。利科深受第二次世界大战的影响，从而反思政治行动的悲剧性。他认为恶涉及政治，也是道德和哲学的对象。首先应当承认这种恶，有鉴于此，他提出了"不可原谅"的概念。接下来的难点在于确定这种"不可原谅"是单一的——比如纳粹屠杀犹太人——还是会有多种表现形式。

我个人觉得，不可原谅的表现是多重的。设法在恶行暴露之后进行重建，那才是挑战。南非结束种族歧视之后，圣公会教德斯蒙德·图图大主教主持的"真相与和解委员会"就做了这项工作。那是真正的政治工作：揭露恶魔，然后原谅。这也是大赦的原则：人们在某个时刻决定"遗忘"。

您刚才提到给真理或者多重真理留下空间，以及避免玩世不恭的重要性。这也是您的行动指南吗？

是的。我相信政治的意识形态。意识形态是一种精神建构，它赋予现实一种意义，从而照亮现实，也为你们的行动指明方向。那是一项塑造现实的工作。政治动物需要让自己的行为获得意义。这种意识形态必须借助协商，不断地面对现实，调整适应，时刻反省自己的原则。我认为政治行动不能建立在唯一的真理上，也不能建立在当前流行的某种绝对的相对论中，因为实际情况不是这样的。真理是多元的，谬误也是如此，人们可以重新质疑某些东西。理念的价值不都是相同的!

一个人自己形成的意识形态，是否会与自己必须服从的党派意识形态发生冲突？

如果各党派有自己的意识形态的话，是会有冲突的。

它们没有意识形态吗？

是的，它们没有意识形态。政党生存的基础不再是意识形态，而是某种隶属关系，依赖某些观念的余晖效应而存在。做一名……"共和党人"，在今天有什么意义？说起来有点拗口，不是吗？它意味着有一张党证、缴纳党费，还有加入组织；意味着在各党派纷纷抛弃政治理念之际，接受一套充满误解的意识形态学说。政党的号召力在下降，道理就在这儿。

您二十四岁加入社会党，那时候的情况已经这样了吗？

已经这样了。这种情况已经持续了数十年。如今出现一种奇怪的现象，那就是批评和论战的空间被搁置了，知识分子撤回到学术领域，成为各自学科的专家。那些政治家则重新以价值为中心，也就是他们和现实的关系变得更情绪化，更加迎合舆论。

现在不再有人思考政治了？

如今很难把政治提升到思想的层面。我们惊讶地看到，人们此时此刻很少去思考国家。我们的观念依然停留在国家治理的层面上。把国家的功能仅限于治理是不够的，必须拓宽思路，考虑国家在时间、地域和社会调整等方面应该起什么样的作用。如何从我们的经济和社会现实出发，重建我们的政治构想和进行社会调整？这个工作还有待完成。

您觉得读书、思辨、从政——政治活动意味着有时候必须当机立断——兼容吗？是否要请哲学家从政？

就个人而言，我从来不相信"哲学王"的理论是可行的。但是我认为，哲学和政治之间应该有更多的交流、沟通和译介。意识形态就是一种译介啊，以满足不同空间之间传达和流动的需要。所以要有一些沟通的观念。永远不会十全十美，就像读译成法语的英文作品那样，跟原著相比，译本肯定有出入，但它是脑力活动的成果，能够让人理解、感触另一种想象和审美空间。政治也是如此：假如让哲学家和政治家都留在自己的空间里，我们就会缺少意识形态这个译介的界面。杂志、知识分子的作用就是占领这片地带。他们的工作必须传播出去。不过关键在于先知道，以哪种意识形态为基础来重建政治行动。必须跨过这几道坎，勾勒出便捷的路径。尤尔根·哈贝马斯（德国哲学家，生于一九二九年）、艾蒂安·巴利巴尔等人起着这种作用！

顺便问一句，您留多少时间读书？

假如我说自己每天都看书，那肯定不是实话。不过我没有一天不想读书，这让我感到放心。至于花多少时间读书，那要根据情况变化而定，但是它跟写作和交流一样，是必不可少的。如果没有这种喘气的空间，一个人很快就会筋疲力尽。政治活动其实具有自给自足的性质，属于帕斯卡尔①所说的消遣范畴：一旦完成就结束了。不过政治活动是无底洞。对媒体说的话，是喂养一个吃个不停的魔鬼的食粮。它起先觉得这些话有意思，于是胃口越来越大。你给什么，它就吃什么，直到有一天它不要你了，因为它觉得什么都听过了，你提供不了什么东西了。因此，政治活动也要张弛有度，需要不时地疏远政务、做些无关的事。这是很重要的。所以我既不相信彻底透明，也不相信绝对的动荡，而这正是当前政治的两

---

① Blaise Pascal（1623—1662），法国数学家、物理学家、哲学家，著有《思想录》。

大弱点。

用吉尔·德勒兹（1925—1995）的话来说，政治和政治思维是在褶子中形成的。生活的褶子就是那些故意不透明的时刻。这是一件好事情，因为我们是在黑暗中构建自我的。我们可以读书、思考、想别的事情、更加淡定从容，这是必须的。同样，知识分子的建构过程中，也必须有接触现实的时刻，政治支援可以实现这种接触。保罗·利科正是这么做的，他一度帮助过米歇尔·罗卡尔。必须把思想和行动衔接起来。

具体怎么做才能实现这一点呢？

首先要读书。我尽量打听政治哲学方面出了哪些书。还要写东西。然后要跟别人讨论，所以我经常求见关注公共事务的知识分子，比如奥利维·穆然（一九八八年至二〇一〇年担任《精神》杂志主编）。他

们著书立说，阐述民主的合法性与构建行动之实际感
到的能力之间存在的差距。民主进程在今天重新受到
质疑。

如何创新民主进程呢？

通过新的建议来实现创新。民主进程有空缺，所
以人们提出质疑。在一些历史时刻，民主的体现都是
不完善的，以各种多少有点暴烈和对立的形式出现。
法兰西共和国是体现民主的一种方式，它有内容，有
一种赢得集体赞同的象征和想象的形象。然而人们可
以赞同共和国。但是无人赞同民主。除非那些没有民
主的人。现在难就难在民主空心了，让位于各种日益
强烈的群体归属感，比如布列塔尼地区的红帽军[①]、

[①] "红帽"是 17 世纪布列塔尼人反抗征税运动的标志。 2013 年底，布列塔尼的示
威者头戴红帽，抗议政府向商业卡车征收"生态税"。

郎德圣母镇①或者其他地方的钉子户。这些都是追求群体归属的运动。

民主一定令人失望吗？

民主始终包含某种形式的不足，因为它做不到自给自足。民主进程和民主运作中存在一种缺失。这种缺失在法国政治中表现为国王的空缺，我从根本上认为，法国人民不想处决国王。大革命的恐怖造成一种情感、象征和集体性的缺失：国王不在了！然后人们设法填补这个空白，把别的形象放进去，拿破仑和戴高乐时代尤其如此。其余时间里，法国民主填不满这个空间。这一点从戴高乐将军辞职以后，人们一再反思何谓名副其实的总统，就看得很清楚。戴高乐之后，总统形象常态化，又在政治生活的中心放了一个

---

① 郎德圣母镇位于法国西部南特市。 2014 年，民众反对在此新建机场，多次示威，一度造成警民流血冲突。

空的座位。然而人们对共和国总统的期待，就是他行使总统的职能。一切都建立在这个误解之上。

就今天而言，民主缺什么呢？

我们生活在一个民主摸索前行的时代。民主的形式在理论上非常纯粹、讲究程序化决策，因此需要一种临时的体现。它如果想找到一种具体的存在形式，就必须接受一些不纯的东西。这很难做到。我们对民主原则和程序情有独钟，超过对领导力的偏好。我们偏好后现代主义的协商决策程序，胜过理念与现实的正面交锋。但是如果我们想稳定政治生活，摆脱如今这种神经质的病态，就必须在保持协商平衡的基础上，更多地接受垂直性领导。因此需要提出新的理念。如果通过提出这些理念，说清楚我们希望走向哪种社会，也就是建立一个更有契约精神、更加欧洲化的共和国，建立一个加入全球化进程、一个调节方式符合我们历史以及集体愿望的共和国，我们就能把民众动员起来。

反过来，假如不提任何新的建议，满足于随波逐流，我们就会回到软弱的境地。假如我们让言论无优劣之分的说法站稳脚跟，一味设法在平衡各派主张的基础上采取政治行动，我们就会保守僵化，就会断送带领公民走向既定目标的可能性。

哲学是行动所必需的吗？

哲学有助于构建。哲学能够赋予意义，不然的话，行动只是稀里糊涂的言行举止而已。如果不面对现实，哲学是一种没有任何价值的学科。反过来，假如不能借助哲学上升为观念，现实也是不值钱的。因此，必须接受在一种包含杂质的中间区域生活，对哲学家而言，您永远不是一个足够优秀的思想家，您的思想永远被视为抽象得不敢正视现实。必须走进这个中间地带。我觉得政治空间就在这儿。

您在履行职责的过程中，记取了保罗·利科的哪
些教导？

首先，对于之前说的、写的或者强调的东西，始
终保持一定的自由度。利科是严谨的化身。他每天早
上拿起铅笔、本子，考虑怎样对写过的东西继续创
新、反思，换一种说法来表达。这种持之以恒的阐释
对我帮助很大。一九六八年五月学生运动的时候，利
科在巴黎南泰尔大学执教。我间接地了解到，他对自
己在那个阶段没说的话、没做的决定，感到很难过。
我由此领悟到，话需要说出来，有些东西需要强调，
必须满足这种需求。很多人错就错在被一时的粗暴所
吓倒，忍气吞声，不敢动弹。是利科促使我投身政
治，因为他本人没有从事过政治。

他让我懂得，日常生活要求我们接受不完美的动

作，这与政治是并行不悖的。把话说出来才能前进。我们接受此时的不完美，以这种方式超越哲学，从而进入政治的行程。

访谈记录：埃里克·福托里诺

洛朗·格雷伊萨梅

阿黛尔·凡·雷埃特

二

法兰西全民和解，刻不容缓*

* 《壹号周刊》，2016 年 9 月 13 日，第 121 期：《马克龙究竟在想什么》。——原注

您在什么条件下会成为总统大选的候选人？

我看不到我参加竞选需要什么外部条件。人们认为体制会发生演变，就不会再向它进贡。这是头脑清醒的表现。我相信国家能够变革，相信社会进步的理念。我相信能够通过解释和教育工作来说服别人。相信我们能够全面实现我们这个新的政治方案。因为我的目标只有一个，那就是重新打造以进步主义为基础的政治提案，因此，那是一个连贯、明确和不折不扣的计划，我将不遗余力地使之胜出，重塑法国。

您离开经济部的时候，曾经强调指出法国社会面临重重阻力。有哪些阻力呢？

我们社会的阻力主要来自社团主义、中间阶层和政治体制。但我并不因此就敌视中间阶层。社会的构成少不了他们。批评中间阶层，使我一度被扣上步玛丽娜·勒庞后尘、搞民粹主义的罪名。

假如对人民说话，或者指出中间阶层不起作用就是主张民粹的话，那我愿意当民粹派！必须反思中间阶层的作用。他们可以在我们的民主建构中发挥自己的作用。从这个角度出发，市长、镇长、协会起着关键作用，因为他们可以名正言顺地行动。

您指的是哪些社团阶层，能说得具体一点吗？

我指的是那些为了保护自身利益而成立的社会组织。我们回到了《谢普雷法》（一七九一年六月十四日立法，旨在禁止封建时代的行会泛滥）之前的时代。一些行业设置壁垒，阻止后来者进入。政治、行政和经济精英形成了阶级社团。布尔迪厄曾经指出，精英的阶级社团是通过考试、入职方式和互相默契阻挠进入最高领导层组成的。我们的社会虽然不是最不平等的，但它却跻身最固化的社会之列。社会缺乏流动性，导致不信任感，使人觉得团体主义处处设障，令人绝望，它堵塞个体发展的前景，使摆脱束缚——这个代表社会强烈心声——的梦想成为泡影。

工会、党派，您都不放过……

有些工会在努力认识目前出现的各种变化和自己应当扮演的新角色，进行自我改造。但是在大多数情况下，工会和政党都保护体制内部人员的利益。这些社团主义又造成社会固化、不信任民主以及行动效率降低的局面。我们面临很多挑战，其中之一就是改变社会，从阶层固化走向社会流动和社会认可。我反对平均主义，因为那是空头的许诺，每个人的作用和价值都应当得到承认，不一定是货币价值。

可达性问题应当成为政治关注的重点。特别是流动的可达性。空间流动性不容小觑，属于政治的范畴。新增的汽车客运线投入运营之后，乘客人数从每年的十一万增加到四百万。这项革新举措打破了城里人与城外人之间的隔阂，有象征意义。对没车的人来说，郊区远离巴黎，考驾照的代价不菲，还要花时间。没有私家车，就意味着没有工作、娱乐、社交或者情感生活。因此，打破国内许多地区的闭塞状态至关重要。

我还想依靠学校实现文化和知识的可达性。我们的教育体制依然将很多个体禁锢在他们原先所处的社会阶层中，比例超过其他发达国家。知识可达的公平性还很低，职业成功也是如此。因此，任何涉及可达性即摆脱束缚的政策，都属于促进社会公平的政策。

为了变革现有的体制，必须跟哪些东西做斗争呢？

我们必须克服宿命论和不信任感。所谓宿命论，就是认为在政治体制方面，除了轮流执政，没有别的选择。我们曾经决定，把我们的政治体系，交给那些代替我们决策、过滤的机构把持，所以我不相信党内的初选。这种宿命论很可怕，因为它令人疏远政治，怀疑政治，助长熟人圈子的风气。它导致一些人长期从政，把从政当成资产来看待。它还会使人在某些时期体面地认输——部分左派犯过这样的错误——以保全政治机构，东山再起。热爱祖国和思想的人接受不了这些东西。

至于不信任感，最大的忌讳是不直说、不予解释。我提到"文盲现象"，还有讲到金钱和人生致富的时候，亲身经历过这种忌讳。发财致富是法国人忌讳的话题，是历史留下的一道创伤。在我们国家，有人以为不直说或避而不谈就能消除弊端。我是加缪的信徒，我认为不把话说清楚只会加重世界的苦难。要用《局外人》中炙热的白色阳光来照亮现实，不加掩饰地展示现实。要说出我们的失败，道明我们的禁忌。

做解释在政治领域消失了。我们进入一个你来我往、针锋相对的社会。大家觉得要依靠政府令、法律、修改宪法等法律手段来处理各种事件。政治需要行动，但是也需要阐述。如果不把问题摊开，行动就会落空。它的声音就会很沉闷，无法在社会躯体中传播，缺乏承载力。政治家的作用在于做解释，在于代表一种正面意义上的意识形态，代表国家的共同愿景和价值观。我们需要重建共和国的"十诫"，那是价值观的基础，而这些价值观不仅仅是由一连串仪式或

42

琐碎的行为所组成的。我要保持这条路线，我会说到做到。当我拒绝回答过于简单的关于三十五小时工作制或巨富税的提问时，当我觉得某次辩论太狭隘而拒绝出场的时候，有人指责我们不搞政治而是在躲避。不！那些话题涉及我们国家的核心问题吗？一点都没有！必须把它们放在更大的格局中予以考虑。我们应当用整体的、有机的眼光看待很多诸如此类的问题。

那您觉得什么是法国的核心问题呢？

核心问题是处理好就业、金钱、创新、经济全球化、欧洲、社会不平等的关系，这是我们国家面临的难题。以就业为例吧。进步阵营——左派——是围绕保护劳动中的个体，尤其保护从事艰苦工作的个体而形成的。可是大规模失业给了我们一种前所未有的切身体会：脱离就业会削弱人的社会属性。因此，进步阵营必须成为捍卫就业的阵营，就业是获得解放的必由之路。必须创造新的形式，发明各种灵活变通的手段，使每个人都能够在体制中各得其所。必须重新找回工作和履行诺言的价值感。

如何看待不公平，也是法国人讳莫如深的一个话题。面对结构严密的资本主义工业体系造成的不平等现象，进步阵营试图通过税收和一些补救措施，多争取一些社会公平。在一个开放的世界、在以短周期为特征的创新经济中，这种做法是不可行的。否则人才就会流失。当务之急是恢复机会均等和可达性的公平，让每个人在这种环境中公平竞争，保护最弱者和失败者，同时不阻碍任何人取得成功。

我们与创新的关系，问题出现在哪儿呢？

我们国家过于保护坐享其成，忽略创新致富。因此，我们可能沦为一个靠遗产过日子的民族，而不是一个焕发创新活力的国家。这种态度会使我们被当今世界所淘汰。我们国家的发明力、它的创新和创造应当转换成经济效益。接受这个挑战意味着打破某些禁忌，尤其在金钱方面。应当允许创新积累财富，让贡献多的人富起来。靠现有地位坐享其成，这是不可接受的。

我们国家需要注入哪种活力呢？

当今世界正处在深刻变化之中，法国应当成功转型，同时保持自己的本色。我们应当续写波澜壮阔的法兰西传奇。我相信民族的传奇。我希望能在未来几周阐述我们是谁、什么是国家，重塑我们的经济、社会、政治架构，唤回一度丢失的文化和精神。我认为不必让法国去适应世界。我们要改造法国，使它在一个变化的世界中变得更加强大，因为法国肩负普世性的天职。不在世界中随波逐流，而是改变世界的进程，假如我们足够强大的话。政治上不成功，我国的军事和外交也不会有分量。

依靠什么才能取得这种成功呢？

法兰西和解，刻不容缓：法国如今蒙受着其历史分裂和族群分化的痛苦。法国已经分裂了。经济全球化进程中的赢者和输者形成两个日渐疏远、互相不说话的法国。经济精英觉得，对外围的法国、对那些生活焦虑的人，自己没有什么话要说。这是一种错误和误解，因为分裂不能造就我们的历史。我认为，如果要再造法国梦，精英阶层必须肩负起自己的道德责任。除此之外，我们还看到一个退守到宗教和身份归属旗下的法国，以及那个失去文化安全感、引发中产阶级忧虑的法国。

您认为我们正面临宗教势力的崛起？

人们追求绝对，是现代政治人类学出现危机的反映。社会中的个体需要精神寄托，需要形而上的东西。宗教自然就会占据这个位置。我不相信共和国也能起到宗教的作用。国家和政界不应该设法取代宗教。

不过我认为，国家的作用是让各门宗教各得其所。不抵消它们的作用，也不要求它们低调行事——那是不可容忍的，因为主张政教分离的是国家，而不是社会。但是公共权力应当干预，保证做到三件事。首先，它应当确保每个人的自主。保证人人享有信仰和不信仰的自由。这种责任意味着，所有想充分感受精神体验的法国人都能自由地去体验。因此，国家必须确保在社会的任何方面，优先贯彻共和国的准则，之后才是宗教的准则。然后，国家应当保障不同宗教和睦相处，在互相尊重的基础上各抒己见。最后，国家必须同形形色色利用宗教、鼓吹愚昧社会观的政治意识形态作斗争。令人担忧的地方就在这儿。当有人利用宗教对他人实行政治和社会霸权，企图改变法国特有的社会生活准则的时候，共和国必须挺身而出，毫不妥协。面对那些日益蔓延的政治论调，共和国要用自己的政治主张予以还击。这是斗争的重点领域。

您对"布基尼"事件表态不多……

"布基尼"不只是文化问题。它涉及文化、意识形态和政治。要做到保护个人自由、公共秩序，尤其要保证国家的回应恰如其分。假如我们不慎中招，其后果就是失去一大批法国人，他们在社会和政治生活中确实存在，有自己的信仰，我们的回应会让他们觉得受排挤。

为了维护公共秩序，在某些场合禁止"布基尼"是有道理的。有必要进行一场政治和意识形态的斗争，指出这种服饰与我们文明礼仪、男女平等的理念背道而驰。与此同时，个人自由也应当得到保护，假如有些人希望保持某种衣着风格的话。看到警察来到海滩上，以政教分离的名义，勒令一位女子下次不得再穿"布基尼"泳装，那是绝对的失败啊。政教分离是共和国的设想，其目的在于让个体在社会中自立，使社会摆脱宗教和政治的制约。某些人用报复的方式来保护政教分离的原则，可能会适得其反，会孤立这条原则。当我们软弱的时候，当我们出于宗教或政治的原因，容忍某些人不遵守共和国准则的时候，我们就会削弱共和国维持全社会团结的能力。

如何恢复法国人对公共安全的信心呢？

这是一场不仅有关安全而且有关道德的真正挑战。它涉及社会与政治的关系。首先要充实尼古拉·萨科齐在任时被削弱的安保力量。要依靠现有的军队和警察，对某些案件进行司法处理，提高从快惩治的能力。还要恢复情报和预警这两大关键职能。然后要关注关键的第三大块，即在不恢复兵役制的前提下，加强我们的能力，培养各年龄段的民众，保护我们的社会。

除了加强安保措施之外，我们必须承认自己生活在一个高风险社会。我们应当告诉民众，高风险社会是一个责任型的社会。我们无法承诺不会发生更糟的事情，但是不能因此造成恐慌或心理创伤。每个人的责任都应该透明。恐怖袭击事件后的处置是否得当？因此需要国民议会各委员会进行调查。沉着而权威地行动。安全应急程度的高低不是衡量权威的标尺。一八九三年十二月九日，众议院正在开会讨论黄油问题，无政府主义者把一枚炸弹扔进会场。硝烟未散，众议院主席就宣布："我们接着开会，继续讨论黄油问题。"议会党团的主席异口同声地呼应道："好，继续讨论黄油，咱们谈黄油吧。"真正的权威表现为不让突发事件来决定我们的议程。所谓道德，就是政治领导人的决策能够不为外来事件所左右。所以对"布基尼"之争和尼斯恐怖袭击，我没有马上做出回应。我们陷入了日常琐事或社会新闻的治理。其实我们应当继续牢牢把握自己的节奏、自己的原则，而不是背道而驰。假如一遇到事情就要改变政策的话，那就意味着我们对自己执行的政策缺乏信心。权威不是独裁专制也不是在电视上扬言报复。权威是毫不妥协，是做出重要的决定，这种决定有时候是非常无情的。权威就是决定采取行动的时机，确定行动的方向。

您让国家扮演什么角色呢？

我相信国家的重要地位。在我国历史上，民族是由国家掌控的。这一点永远不能忘记。法兰西民族是国家在自己的境内缔造起来的。国家确定了我们的边界，规定使用法语，保持国土完整。法国是一个非常

51

政治化的国家。民族不是自发的产物，也不是领土变迁的结果。归根结底，它不是一种社会现象，而是国家插手的一种政治现象。社会然后才得到解放。承认社会自治是第二左翼^①的重要贡献之一。

但是我认为必须减少国家对社会和经济的干预。国家一味地管控，反而削弱自己，成为绊脚石。这一点在创业领域就看得很清楚。长期以来，我们根据拉科代尔^②的哲学主张，一直认为国家应该取代社会来采取行动，国家制定的准则能够保护弱者。在一个开放的世界，情况应该不再这样了。标准太多就会形成障碍，会阻挠自由进入众多的家庭，包括最贫困的家庭。就拿大客车为例吧。为了保护铁路交通，人们把大客车的使用搞得十分复杂。贫困民众首当其冲，成为主要受害者。国家对经济活动的规定太多。我认为

① 第二左翼指 20 世纪 70 年代末，法国社会党内出现的以罗卡尔为首的新左翼，主张采取务实的经济政策，倾向地方分权、市场经济和减少国家干预。
② Jean-Baptiste Henri Lacordaire（1802—1861），法国传教士、记者、政治家。

理应考虑国家减少对某些行业的干预，因为给社会松绑、让创造力充分释放，效果会更好，而且更加公平公道。这种看法更加符合我们所处的社会和经济类型。

国家保持一种根本功能,利用其组织机构保护民众。我认为国家会发挥更大的作用，为变化中的世界提供全面的安全保障。涉及核工业、能源供应以及其他国计民生的重要领域，国家也要出面干预。国家必须扮演自己的角色，完成国家主权的使命，保障必需的公共资源。我们应当认识到，如果我们掉以轻心、放任自流，就会沦为其他政治势力的附庸。但是如果能把国家主权与真正的欧盟主权妥善衔接的话，国家的效率就会更高。欧盟层面上理应设立一层保护。能不能把法国梦转化为欧洲梦，这是至关重要的。密特朗做到了。这个传统必须找回来。我们应当通过欧洲来思考国家的位置。这是发展我们民主活力的一条主线。

是啊，怎么看待欧洲和全球化呢？

与欧洲的关系很重要。主权独立运动就是针对欧洲形成的。那么法国真正的主权在哪儿呢？它有时候在国内，但有时候在欧盟。数码、能源、移民或军事问题的主权在欧洲的层面上行使。法国打不过谷歌和脸书（Facebook），欧洲则可以取胜。至少欧洲能够对它们进行管制。欧洲也能成为中美两国面前的重要角色。如果我们是欧洲，我们就能抗衡中国的钢材竞争，保护我们的民众和企业。一个国家单独就做不到。那种将主权独立运动与欧洲对立起来的悖论，也是法国的一道创伤。

能源结构转型是一个全球性的问题。它对我们的经济会造成哪些后果？

　　我们经历着一场迅速爆发的巨大演变。在世界范围内，凡是能源原先归国家管辖、纵向管理以及在某个国家高度集中的地方，都出现强劲的分布式管理的现象。新技术可以帮助一个人管理自己的能源消费，节约能耗。每一个人都能主宰自己的消费。这种能力有助于提高责任感、增强竞争力。关键在于具备降低能源消费的创新能力。我认为这可以兼顾生产功能和对环保的关切。水电、太阳能或风电等可再生能源的生产，都将分散布局，尽量就近生产。

　　不过我们应该注重能源转型的协调性。这意味着既要鼓励、培养、加速提高人们选择自己能源消费模式的能力，同时也要维持国家的能源生产方式，以免陷入能源依赖的困境。我赞同个人生产、管理自己所需能源的模式。我也支持大型核电项目，比如萨默塞特郡的欣克利角核电站，因为转眼之间，它成了欧洲必不可少的项目，不然的话，我们会更加依赖俄罗斯的天然气、美国的页岩气、美国或亚洲的技术，削弱我们的工业实力。看问题不能二元对立。我从来没有将可再生能源和核能对立起来。能源转型期必须考虑到能源互补的问题。

您认为法国在世界上应该具有什么地位？

我们处在世界中。从地理分布而言，法国是为数不多的领土遍布各大洲的国家。这也反映了我们的殖民与后殖民时代的历史。就语言而论，法国是一个世界国家。这就是我们的地位。我们海纳百川，囊括世界，因为法国是一片移民的热土。一个孕育普世观念的国度，一个知识的摇篮。这是很特殊的一点。通布图古迹①遭到破坏的时候，法国立刻做出反应。很少有美国人为这些事件所动。我们有这种世界意识。这

---

① 通布图为马里北部的古城，1988 年被联合国教科文组织列入《世界遗产名录》。2012 年遭到极端组织武装人员破坏。

也是法国的身份。我们一贯把世界揣在心窝里。我们也是一个捍卫人权的民族。没错，过问全球事务是我们的天职。

如今还有一条务实的理由，那就是世界拥进我们每个国家。难民潮、恐怖主义袭击已经让我们看到了这个现象。到处可以渗透，一切都在流动。外部因素进入我们的政治辩论，进入我们的生活。我们不能掉以轻心。当然，我们不能单打独斗。问题在于怎样重新构建一个有效的多边体系。考虑到页岩气、巴拉克·奥巴马的地缘战略决策，美国逐步后撤，使得这个体系目前力不从心。美国日益转向太平洋地区，对大西洋的关注越来越少，对中东地区的依赖度在下降。然而中东地区，还有非洲，都处在地缘政治、经济和贸易的利益中心。怎么才能找到像原先美国那样分享我们价值观的同盟国呢？

欧洲难道不是解决方案的一部分吗？

在人道援助、帮助发展和共同干预方面，我们需要一种更为协调的欧洲政策。共同干预目前还很弱。局面会有变化，因为自从难民危机以来，德国开始机构改革，它的逐步变化很重要。我们经历的难民危机十分清楚地证明，假如没有保护边境、发展经济和人道救援的共同政策，我们就要为由此出现的严重后果直接埋单。欧洲发现叙利亚的难民问题、看到早期难民营在土耳其和黎巴嫩出现的时候，假如能够形成一个统一的意见，就绝对不会出现如今的巴尔干通道和上百万难民拥向欧洲的情况。我们没有能够给黎巴嫩和土耳其提供一个人道主义解决方案，所以才遇到这个问题。我们在非洲问题上也遇到同样的挑战：法国的作用很特殊，我们应该敢于担当。我赞成法国采取一种真正的、平等的经济文化伙伴政策。必须帮助非洲，说到做到，放弃后殖民的假正经。

看来您准备亲自推动这个计划？

只有当我成为某种危险或障碍，以至于我的主张不能胜出的时候，我才会止步。不然的话，　Sky is the limit[1]。

访谈记录：埃里克·福托里诺

---

[1] 英文，天空才是界限。

三

斗士[*]

米歇尔·罗卡尔赞

* 《壹号周刊》，2016 年 7 月 6 日，第 114 期：《罗卡尔谈罗卡尔》。——原注

　　一张手稿往往能透露出某人的很多信息。米歇尔·罗卡尔的字迹清晰、工整、略有棱角，表明他一身正气、为人豁达、视野开阔、思想上坚持原则。他白纸黑字的书写别具一格：下一行字比上一行短一截，逐渐形成一个三角形。我经常思考这种行文布局的含义。说到底，这表明他讨厌极端整齐划一的东西，说明米歇尔·罗卡尔首先是一个追求自由的人。摆脱趋俗的或者过于规范的框架，自由地思想和行动。

米歇尔·罗卡尔的一生是投身政治的一生、战斗的一生、仗义执言的一生。他展现出一种正视人生、正视现实的意志，其目的不仅仅在于描述，更在于改造这种生活和现实。绝不接受任何不公正或者心照不宣的东西：发生在阿尔及利亚的严刑拷打、法国社会的窒息、国家刻板低效、气候变暖、欧洲的疲惫、被人遗忘的非洲。

他参加过的斗争无数，各不相同，但他对这些事业始终不离不弃。因为他不想仅限于揭露弊端，他不想利用它们。他想支持这些事业来更好地改变世界。

对我而言，米歇尔·罗卡尔是一个榜样。一个坚持信念、恪守诺言、精神上高标准和行动的榜样。

法国经常不公正地对待米歇尔·罗卡尔。他一生大起大落，经历过挫折和背叛，但是他从来没有抛弃自己的战斗、家人和朋友。他的朋友很多，有聚集在圣日耳曼大街二六六号陪伴或支持他的朋友，而更多的是那些沿着他所代表的路线、跟随他前进的人们。他使很多人围绕共同的战斗团结起来，充实他们的生活。他的思想存在一天，他就会与他们继续同在。

这些年来，他和希尔维①一起，花了很多时间照料很多动物，它们俨然成了这儿的主人。我记得他对一只瘦瘦的猫格外温情。原来，几年前，米歇尔差点死在印度。住院期间，这只小猫每天来到窗口探望。于是他决定把这只猫带回到法国。这种匪夷所思的慷慨，也是罗卡尔的写照。来到法兰西岛的住所后，这只小猫继续趴在窗口，目不转睛地看着他。

今天早晨，它肯定有点不知所措，目光空茫地寻找这位带着它万里迢迢来到这儿的乐呵呵的冒险家，寻找那个和蔼可亲的身影。今天早晨，我们很多人都像它那样，有点不知所措，目光空茫。

———————————

① 他的妻子。

四

多面与阳光 *

亨利·埃尔芒赞

*　《壹号周刊》，2016 年 11 月 16 日，第 140 期：《亨利·埃尔芒，一位进步者走过的道路》。——原注

　　我第一次遇到亨利·埃尔芒[①]，是在二〇〇二年。我当时还在法国国家行政学院念书，有幸在瓦兹省的米歇尔·诺省长手下效力。机缘巧合，我们在朋友的帮助下相遇了。我们从此就没有分开过，结成忘年交。他在，我也在。在每个重要的阶段。我了解他的辉煌年代。巴黎、丹吉尔[②]、桑利斯[③]、布雷阿[④]。

[①] Henry Hermand (1924—2016)，法国企业家、商业地产先驱之一，《壹号周刊》创始人和股东，左翼人士。
[②] Tanger，摩洛哥北部城市。
[③] Senlis，巴黎以北四十公里的市镇。
[④] Bréhat，法国布列塔尼的小岛。

最近几个月来，身体每况愈下，把他钉在椅子上，让他难以忍受。但是从头到尾，他没有变过。他是性格的化身。一股不断前行的力量。一个拿定主意的人。就在十天前，他躺在病床上，依然毫无怨言。他在思考后续的事情。思考他的组织，他喜欢这么说。思考他的选择。思考世界的进程。我认识他的时候就是这样，没有变过。他重情义。他和妻子贝阿特丽丝召集的实际上都是朋友，一贯如此。吉尔·马蒂内[1]、米歇尔·罗卡尔、埃里克·奥尔塞纳[2]、塔阿尔·本·热鲁恩[3]、亨利·姆拉尔[4]、雅克·勒布伦[5]等。一条慷慨相遇的画廊。他办日报只是聚集朋友的一种借口、进行共同斗争或者冒险的借口。这是一位对我始终如一、关怀备至的朋友。我刚踏上社会就得到他的

---

[1] Gilles Martinet（1916—2006），法国记者、政治家、左派知识分子。
[2] Erik Orsenna（1947— ），法国作家，法兰西学士院院士。
[3] Tahar Ben Jelloun（1944— ），摩洛哥作家、诗人、画家。
[4] Henri Moulard（1938— ），法国银行家。
[5] Jacky Lebrun（1938— ），法国企业家，皮卡第大区工商会主席。

帮助。他是我和布里吉特的证婚人。需要出主意的时候总是在场。他集企业家、媒体老板、知识分子和同路人、智库成员于一身，是一位多面与阳光的人物。从皮埃尔·孟戴斯·弗朗斯①时代起、从参与《行动》杂志以及一九六八年发表的最初演讲之后，他始终没有离开政治斗争的舞台。当然，他为音乐、为桑利斯的齐夫拉②基金会——他帮助筹建，以纪念自己的密友和钢琴大师,甚至为巴黎和威尼斯的歌剧院而激动。但是他最大的激情来自政治。不，不是政治。确切地说是改造、行动、思想和公共生活。是那种他通过 Terra Nova③ 和《壹号周刊》还在积极参与的政治。多么有意思的一生啊，但这个令人瞩目的人，心底里却不喜欢自己的人生。我觉得他盼望获得千百种别样人生。他指望改造世界。他至死没有意识到自己

---

① Pierre Mendès France（1907—1982），法国政治家，曾任法国总理（1954—1955）。
② György Cziffra（1921—1994），匈牙利裔法国钢琴家。
③ 法国社会党的智库。

已经为此尽了力，而且还会继续尽力。

他曾经是米歇尔·罗卡尔始终不渝的同路人，长达半个世纪。他是我们之间的摆渡人。他帮米歇尔，给他出主意。始终对他说真话。保护他。爱他。

他喜欢米歇尔身上这种对自由的强烈追求，以及他对世界的渊博认知。需要有这种慷慨，才能如此长期、从不泄气地默默奉献！他也是这样对待另一位战友吉尔·马蒂内的，直到生命的最后时刻。有人说亨利是我的皮格马利翁[①]。他太向往自由，不会奢望扮演这种角色，而我非常独立，也不会接受这种关系。我们的关系建立在友谊之上，而不是一种依附。有时候，我们的意见严重分歧，你来我往争论得十分激烈。但是在关键问题上，我们总是能够达成一致意见。因此，当我创立"前进"运动的时候，他对此兴

[①] Pygmalion，希腊神话中钟情于阿芙洛狄特女神的一座雕像的塞浦路斯国王。罗马诗人奥维德《变形记》中的雕刻家，创造出一座表现他的理想女性的象牙雕像，然后爱上了自己的作品。皮格马利翁亦指培养、引导自己所爱之人走向成功者。

致勃勃。他会见最年轻的运动成员，给他们出谋划策。就像当年待我那样，表现出同样的善意和吸引力。

总而言之，法国和进步主义是他真正的兴趣所在。他见过我们国家的黑暗时刻，经历过国家的重重危机，与各种极权主义斗争过。"你继续我的战斗，捍卫进步主义。"他喜欢这样跟我说。最近几个月，他没有一个星期不在催我发起冲锋。这种榜样在很大程度上给我带来力量，它将留在我的心里。除了失去挚友的悲痛之外，面对死亡的黑色光芒，我今天终于知道自己为什么要感恩于他：他给我带来某种成为法国人和情不自禁地相信进步理念的喜悦。

五

我不能想象我的生活中没有书[*]

您和书籍保持一种怎样的关系？

那是一种从小养成的激情和亲密的关系。我不能想象我的生活中没有书。尤其是我的祖母，她很早就让书籍进入我的生活，让它们陪伴我。如今我没有一天不读书。周围的人有时候会埋怨我，说我除了书，不会送别的东西！

文学在您的生活中占有什么位置？

占据中心的位置。因为文学与生活密不可分。文学不是用来轻松休闲、消磨时间的。文学阐明我们遇到的每一种局面。它讲述我们的经验，充实我们的人生。书籍当然不仅仅是生活的向导。它们把我们带到陌生的道路，打开我们未曾料想到的远方。文学让我们去感受世界。

您对古典文学情有独钟吗？喜欢哪些作品？古典文学带给您什么？

法国古典文学很重要。我喜欢古典文学的语言，特别喜欢十二音节的亚历山大体，它在十七世纪如同我们的语言吐露心声的气息。古典作品用词简约，但是它的节奏无比微妙。古典文学当时达到一种绝对的完美境界，在我看来，拉辛①的《贝蕾妮丝》堪称其

① Jean Racine (1639—1699)，法国古典主义剧作家，创作以悲剧为主。《贝蕾妮丝》写于 1670 年，讲述由于罗马法律不接受外邦人成为皇后，古罗马皇帝提图斯与巴勒斯坦女王贝蕾妮丝被迫分手的爱情悲剧。该剧与高乃依取材于同一历史事件的《提图斯与贝蕾妮丝》几乎同时上演，拉辛以"简单的剧情"，比高乃依更胜一筹，两位剧作家从此绝交。

中的杰出范例。

您对一部小说有什么期待？今天的作家能带来什么呢？

我对具有流浪汉特征的小说感兴趣，当它传达出人世间的丰富多彩、情感的变化多端、色彩斑斓的人物个性的时候。伟大的小说总是集诙谐、壮烈和悲怆于一身——是难以归类的。今天的很多作家都能满足这种期待，因为他们具有向世界开放的意识、喜欢与复杂性为友的精神，比如卡洛斯·富恩斯特①。

最近哪些书给您留下深刻影响？

最近读了《黑色手记》，莫里亚克②写的，还有

———————————

① Carlos Fuentes（1928—2012），墨西哥文学家。
② François Mauriac（1885—1970），法国文学家，1952 年获诺贝尔文学奖。《黑色手记》于 1943 年匿名发表，谴责贝当政府的卖国行径，呼吁抵抗德国法西斯，莫里亚克因此险些被捕。

佩索阿①的《瓦尔加案件》。

您青少年和青年时期受到过某个作家和某部小说的影响吗？

是的，影响最大的无疑是塞利纳和他的《漫漫长夜行》。十五六岁读这本书，给我一种非常强烈的审美和情感冲击。巴尔达慕②从此没有离开过我。

哪些小说人物对您有启发？男的、女的都行。为什么？

我承认自己偏爱那些生活中遇到陌生事物、危险、广漠空间的浪漫主义人物。所以我很喜欢法布利斯·戴尔·东戈③，他天真勇敢，奋不顾身地上路

---

① Fernando Pessoa（1888—1935），葡萄牙诗人。《瓦尔加案件》是一部剖析犯罪心理的侦探小说。
② Bardamu，《漫漫长夜行》中的主人公。
③ Fabrice del Dongo，法国作家斯丹达尔的小说《巴马修道院》中的主人公。

了。我也喜欢夏多布里昂①笔下的勒内。

　　您能描述一下您的书房吗？那儿有哪些藏书？那些一直跟随您的、从来不离开您的书，为什么是这些书呢？

　　我的书房在我勒图凯②的家里面，呈现一种有条不紊的散乱，我是唯一有权改动布局的人。左边放着我祖母的书，我把它们归在一起，没有跟别的书混在一起放。一读再读，这些书被翻旧了，甚至可以说被榨干了，我对它们情有独钟。其余的藏书大致为散文、政治、艺术类书籍。还有一部分小说，是我跟妻子共同的藏书。最后还有一个书架，专门放我念给孙儿们听的书。从来不离开我的书是《恶之花》③。一

---

① François-René de Chateaubriand（1768—1848），法国浪漫主义作家。勒内是他的同名中篇小说的主人公。
② Le Touquet，法国加莱海峡省滨海小城，度假胜地。
③ 法国作家波德莱尔（1821—1887）的代表作。

部关于世界和心灵的枕边书。

您喜欢重读哪些小说？为什么？

"我什么都不读，我在重读。"鲁瓦耶-科拉尔[1]上了年纪之后，常常对阿尔弗雷德·德·维尼[2]这么说。我还没有到那个份上，不过我的确喜欢重读旧书：重读常常比阅读更加有营养。我重读加缪的《局外人》，简洁得读之不尽。我重读《修普诺斯的书页》。我不断地读《红与黑》。

弗朗索瓦·密特朗喜欢读书和写作。担任总统之后，还抽时间读书。萨科齐、奥朗德都不读小说。您觉得抽空读书对您来说很重要吗？

不管时间长短，读书的时间总归是有的。而且始

---

① Pierre Paul Royer-Collard (1763—1845)，法国政治家、哲学家。
② Alfred de Vigny (1797—1863)，法国小说家、剧作家、诗人。

终必须抽出时间来读书。我没有一天不读书。读书不是消遣，而是每天的食粮。

您年轻的时候写过一本小说。能说一下小说的主题吗？您是否有意在文学方面作些尝试？

我的确写过一本史诗小说，书名叫《巴比伦，巴比伦》。我在这本书里面以有点错位的方式，讲述埃尔南·科尔特斯①的冒险经历。我的妻子是唯一的读者，不会再有别的读者。当然，文学创作是一种始终存在的诱惑，但它是个无底洞，也许比政治更加折磨人。我把它搁置起来了。生活以后会告诉我，它是否会卷土重来。

您喜欢跟哪位作家交流对今天和明日世界的看法？

_____

① Hernán Cortés（1485—1547），西班牙军事家、征服者。

我喜欢帕斯卡·基尼亚尔[①]言简意赅的睿智，他以深邃的目光审视历史，为我们过多地流于表面体验的当下指点迷津。我也喜欢与米歇尔·图尼埃[②]交流，他的书对我的影响太深了。

艺术在您的生活中代表着什么？

艺术是进入世界的最美丽的途径。艺术是我们表现人性的最崇高的方式。它是一种将我们团结起来的超验的力量。我这么说的时候，自然想到造型艺术，不过也想到音乐，音乐是我生活的重要组成部分之一。

在您看来，文化在哪些方面能够捕捉到社会的变化？

————————

① Pascal Quignard（1948— ），法国作家。2002 年获得龚古尔文学奖。
② Michel Tournier（1924—2016），法国作家。1970 年获得龚古尔文学奖。

文化不是我们生活中一个封闭的部门，不是人们有时候喜欢形容的那座象牙塔，高高在上，远离社会的起伏动荡。它滋润我们的历史，促进我们交流，是一股给我们带来活力的气息。文化是思想与感情交融的再现。如果没有文化的萌芽，没有文化的升华，人类的任何活动都会一钱不值。文化是我们生命中唯一有价值的地平线。

访谈记录：埃里克·福托里诺

六

从文章看马克龙

　　埃马纽埃尔·马克龙有竞选纲领吗？这位做事不想与别人有任何雷同的候选人，提到一份"民族契约"，那是他根据几个月来走遍全国各地的"前进运动者"收集到的回答和建议亲自制定的。马克龙和他的团队——法国国家战略和预测总署前总干事、经济学家让·比萨尼-费利也是其中一员——答应公布他对法国的主要承诺，而不是一份施政措施的清单。"前进"运动的创始人认为："政治是一种风格，是一种神奇的东西。必须对我们主张的核心进行定义。"

我们可以从马克龙多次公开的竞选演说中，看出其政治主张的主要脉络及其意图。先从他在奥尔良和柏林的两次演说入手吧。奥尔良的演说涉及圣女贞德这个触发灵感的形象，柏林演讲则阐述了他对欧洲的信念，重点围绕优先发展与德国的紧密关系。二〇一六年五月八日在奥尔良的演说"最能反映他想法"，周围熟悉他的人这么认为，此时正值英国决定脱欧的前夕。埃马纽埃尔·马克龙那天沿用托尼·布莱尔当年成功首创、二〇〇七年被尼古拉·萨科齐模仿的三角辩论法，也就是将对手的论点化为己用，反过来攻击对方。他动情地赞颂圣女贞德，闯进国民阵线从让-玛丽·勒庞到玛丽娜·勒庞一贯把持、别人不得染指的领地：

> 正如米什莱所写的那样，圣女贞德是一个活的谜语。关于她本人、她的生活、她的传说的

真相不在任何人的掌握之中。无人能把她禁闭起来。然而却有那么多人打着她的旗号，或者对她进行回收利用。他们背叛了贞德，因为他们配不上她。他们背叛了贞德，因为他们将贞德占为己有，分裂我们的民族。

这是扔进勒庞主义花园的一块小石子，然后话锋一转，开始借题发挥：

她知道自己来到人世不是为了活下去，而是为了挑战不可能。她的轨迹清晰得如同一支射出的箭。贞德破除体制。

只要把贞德换成埃马纽埃尔，您就会看到新生的马克龙主义的两个特征：挑战不可能和打破旧的体制。

贞德给人的第三个启示［那天马克龙还这
么说］，就是法国的团结和统一。她出生在一个
分裂的、被撕成两半的法国，一个与英国为敌、
长期陷于战乱的国家。她成功地团结法国，保护
法国［……］。她将各路士兵召集在一起。

和解、团结、稳定：这些都是这位候选人不遗余
力予以推动的概念，为自己打造品牌特色。

二〇一七年一月十日，他在柏林的洪堡大学发表
演说，推崇法德之间必不可少的紧密关系，在他看
来，没有法德伙伴关系，欧盟内部就不可能存在真正
的灵魂。他的演讲几乎让人们看到了罗伯特·舒曼一
九五〇年主张的复活，即从巴黎和如今的柏林着手，
建设欧洲煤钢共同体。为了使法国人和德国人更好地

（相互）理解，这篇演讲是用英语发表的，法国媒体没有将它译成法语①。这点令人感到惋惜，因为埃马纽埃尔·马克龙对自己希望赋予法德伙伴关系的意义和实质内容，作了深入的阐述，尤其涉及一些敏感的领域，例如难民潮、安全局势、情报工作。在移民问题上，马克龙使用的措辞是对布鲁塞尔的政策以及巴黎所采取的政策的间接批评。关于难民危机那段演讲就是例证：

说实话，这个危机在法国和德国实际上差别很大，因为它的实际影响是完全不同的。几天前我在德国报刊上发表了一篇社论，我希望重复一下其中提到的内容。我认为德国社会十分清醒和勇敢地面对这次难民危机。为什么这么说呢？因为说到难民的时候，你们在唤醒我们共同的价

① 以下选段均由玛伊泰·朱利安译成法语。——原注

值观。你们说那些人出于政治原因不能留在自己
的国家，他们为保护自己、保护家人而背井离
乡。而我们很多的辩论，却把难民、恐怖分子、
穆斯林混为一谈，造成一种可怕的混淆。对恐怖
主义，我们必须头脑清醒、毫不留情；对族群
主义的论调，对于企图削弱和威胁我们社会的
那些人，我们的态度必须坚决。我们之所以这
么做，归根结底是为了保护我们的人民，捍卫
我们的价值观；但是与此同时，假如我们忘记
自己的价值观，这场战斗又有什么意义呢？德
国作出了有力的回应，表明我们的价值观在今天
有多么重要。

听了候选人在柏林的这番话，人们不可能再怀疑
法德的共同视角：

今天，我原本可以把话说得更加蛊惑人心：我可以跟你们说欧洲已经过时了。跟你们说德国和法国已经如此疏远，寻找新的合作伙伴变得刻不容缓，在法国总统大选的背景下，这样说更加讨巧；说我将掀翻桌子，毫不妥协地跟德国人谈①，这是在国内博得民众好感的最有效的做法。但是这是一条死胡同。[……]绝对的愚蠢。

怎么会看不到我们面临同样的挑战？怎么会看不出恐怖主义不仅仅是法国或者德国的问题？看不到《巴黎气候变化协定》也是柏林的问题？看不到在全球一体化的今天，必要的保护措施不取决于一个国家的政策，而是来自我们两国体现的欧盟的坚定立场？我们有着共同的利益。[……]几个月以来，我主张"革新"我们的体制，主张改变战后繁荣时期遗留下来的政治和经

---

① 演讲稿中为法语。——原注

济机构。我谈论欧洲，我捍卫欧盟的计划，我尊重那些远见卓识的先驱，他们在历史上首次令人难以置信地提出，不用屈从或者诉诸武力，实现欧洲大陆的和解，团结欧洲的各族人民。欧盟独特在哪儿呢？在于我们在共同的历史上首次建立了一个没有霸权、独一无二的政体。这是一个公正平和的机构，六十多年来，带来了和平、自由和发展。几年前，做欧盟公民是一件不值一提的平常事，今天几乎成了一种挑衅。

我今天晚上想把我们的、我的关于法国和欧洲的计划，提交给大家，它建立在两个至关重要的理念之上：一是更多的主权，不过那是欧洲的主权，二是各民族的统一，这意味着更多地实行真正的民主。

埃马纽埃尔·马克龙提到来自欧洲"内部和外

部"安全的挑战，安全是他盼望建立的主权欧洲的第一支柱。他对最近成立的欧盟边境与海岸警卫局的成立表示敬意，但他并不以此为满足。

我们必须制定更加长远的目标，至少能够配备五千人的力量，充实欧盟边境与海岸警卫局的资源，使它能够在一个成员国持续行动，保护我们的边境。我们需要一支境外的警察力量，因为保护我的民众的最好办法，不是在法比、法荷或法德边界拦截难民。这样做没有任何意义，很荒唐。拥到兰佩杜萨岛①、莱斯博斯岛②或雅典边界，拥到欧盟目前边界的那些难民也至关重要。为了取信于民，我需要那么做，需要欧盟拿出一个务实有效的方案。那些声称终止《申根协定》

---

① Lampedusa，位于意大利最南端，距离非洲大陆比较近，成为非法移民进入意大利的中转站。
② Lesbos，希腊第三大岛，也面临难民危机。

的人，只想每个国家自己设法解决本国的问题。这种做法的效力不高。当你们说"我要保留《申根协定》"——我认为这是最理智的办法，你们的意思是："我要进一步加强《申根协定》，保护我自己的安全以及我的人民的安全。"

这儿没有奔放的抒情，而是处处务实：制定共同的政治避难政策，与移民输出或移民中转大国签订以援助发展为基础的合作协议，也要建立一套联合情报系统，"能够克服国内的抵触情绪，有效地追捕犯罪和恐怖分子，未来甚至可以建立共同打击有组织犯罪和恐怖主义的警察力量"。大家听懂了他的意思。与德国携手是埃马纽埃尔·马克龙的主导理念，它回应了维利·勃兰特①前首相当年发出的邀请："天造地

---

① Willy Brandt（1913—1992），德国政治家，曾任德意志联邦共和国总理（1969—1974）。

设的一对，如今要一起成长。"

　　这种共同生活，如何在"前进"运动候选人眼中的法国社会中形成呢？如何在他设想的法国社会中形成呢？那些诋毁他的人，主要是右派和极右派，一再指责马克龙是忽悠高手、无政治纲领候选人的始作俑者。大家还记得，二〇一六年十一月，玛丽娜·勒庞辛辣地讽刺他是"有机玻璃候选人"。认为法国民众根据竞选纲领来决定自己的取舍，这种看法也许有点偏激，当然不是说总统候选人用不着拿出一份纲领。总统选举取决于代表、运动以及代表能力。思想是重要的，但是代表这些思想的候选人更为重要。这种神奇的化合作用来自两者，来自内容与形式的完美结合。

　　前经济部长根据自己独自掌控的节奏，不断地释放就业、税收、教育或卫生等领域的执政理念。正如非洲成语所说，"人们只看到长颈鹿的斑纹，还没看到它的整体"。但是只要看得仔细一点，就不会说竞选纲领不存在。竞选纲领的指导原则已经为人所知，马克龙有过很多机会进行阐述。他的目标是建立一个摆脱现状和食利，鼓励个人创业、适度冒险、人员流动但避免陷入脆弱境地的社会。应当本着这种精神去理解他扩大失业保险覆盖范围的主张，从业五年以上的独立劳动者可以享受失业保险，主动辞职的受薪员工也能每五年享受一次失业津贴，目的在于促进职业流动，"激励创业精神"。

这种比较灵活的就业理念，实际上已经反映在此前多次公布的、以马克龙对现状的分析为基础的具体措施中了。他指出："说什么在整个法国，所有的人，不分年龄，每人每周将一律工作三十五小时，这种言论不免太片面。"因此他提出两类措施：首先在每周三十五小时工作制中引入更多的灵活性，即保存法定的三十五小时工作制，同时"允许通过行业协议、企业协议自行调整，另外达成平衡"。然后是根据年龄调整工作时间，工作时间随着年龄的增长而逐渐缩短。具体地来说，可以建议年轻人每周工作三十五小时以上，五十或五十五岁以上的劳动者将每周的工作时间降低到三十或三十二小时。与此同时，允许每个人根据自己的情况选择在六十至六十七岁退休；并且根据不同行业的特点，调整法定退休年龄。

鼓励就业还有另一种走向。马克龙说："今天，你找到一份领取法定最低工资的兼职或全职工作，如果你原来享受积极互助津贴（RSA)的话，你就领不到就业奖金。这样你就不会去找工作，因为两者的收入差别很小。"有鉴于此，他建议把就业奖金增加一半，鼓励失业者重返劳动市场。他还表示要提高工薪阶层的购买力，完全取消失业分摊金和疾病分摊金，提高社会普摊税率（CSG）百分之一点七——每个月大约多缴十五欧元——来平衡社保的空缺，失业者和低收入退休者不必支付。马克龙以此来提高人们的工资收入。他认为这条措施每年至少让一个拿法定最低工资的家庭增加收入五百欧元。他考虑采取的重要措施还包括将法国全国工商就业联合会（UNEDIC）收为国有，实现失业保险国有化；针对个别雇主滥用短期合同、不签长期劳动合同的现象，实行税收惩罚制度。

我们不会在此贸然地勾勒马克龙的执政措施。材料还在酝酿中，什么都还没有敲定。竞选承诺当然令人关注，因为它与大家的生活密切相关。这支乐曲在我们的耳边轻轻回响：二〇二二年之前眼镜、假牙和助听器百分之百纳入医保。与此同时实现卫生机构的数量翻番，遏制卫生荒漠化。药品按单个包装销售，减少浪费。打通公立医院和民营医院的关系、改革医疗计费方式进行医改。教育领域刻不容缓，必须齐心协力，弥补法国的差距。马克龙聚焦学龄前和小学一二年级这些学习起步的脆弱阶段，承诺将一二年级的班级人数减少一半，新增一万二千个小学教师岗位。提高教师，尤其提高在条件困难社区工作的教师薪资。"教师奔赴教育优先区，就像部队里'上战场'一样。他们是共和国的主力军。"因此他雄心勃勃地提出：鼓励经验丰富的教师到教育优先区任教，提高他们的薪水，并且给予更大的教学自由度，同时保证学校的自主权。

埃马纽埃尔·马克龙谈到钱，也就是谈到税收的时候，目标很明确。他公开反对各种食利机制，主张将巨富税（ISF）改为"房地产得利税"。对实体经济部分——即拥有企业或者股权——不再征税。为了鼓励个人创业，不为繁琐的行政手续所累，他干脆提出取消独立劳动者社会保险体制（RSI）。另外两条措施也可能起到重振经济的作用："竞争力与就业税务信贷"（CICE）改为各类企业社保分摊金的长期减轻。对于适用法定最低工资的工作岗位，用人单位均免缴十个百分点的雇主社保分摊金。

文化在马克龙的竞选主张中占据重要的地位，那是情理之中的事，谁都不会感到意外。"儿童应当百分之百地获得艺术教育"，他还希望为每个法国年轻人在其十八岁成年之际发放一张价值五百欧元的"文化派司"，用于购书或参加文化活动。让数码产业的企业 ［或 GAFA，即谷歌（Google）、苹果（Apple）、脸书（Facebook）和亚马逊（Amazon）四大公司］ 投资，政府附带参与。公共图书馆实行夜间和周末开放，方便人们接触文化。以上就是他的主要主张，尽管详尽的纲领尚未出台！始终不变的是开放的意愿，让人们接触到文化的远方，就像马克龙"大巴"那样，使某些遥远的目的地变得近在咫尺。

埃马纽埃尔·马克龙在安全政策方面没有直接经验，但是他清醒地意识到目前体制的缺陷。"我将在总统五年任期的前三年，创建一万个警察和宪兵岗位。"建立一支新的社区警察队伍也是值得一提的设想，"不是为了跟年轻人一起踢足球，而是保障日常生活的安全"。在最困难的社区重建我们的本土情报力量。保证培训三万至五万名青年男女志愿者，形成安全预备队伍。建立海量情报信息处理中心。他已经给出了方向。

最后关于环境和生态保护，人们当然记得这位候选人的承诺，增加学校以及医院和企业餐厅中绿色食品的比重。到二〇二二年，一半的菜品必须来自生态农业。但是马克龙在能源政策方面给出了架构更为全面的承诺。一旦当选总统，他将在任期内关闭法国境内现有的火力发电厂。不允许开采页岩气（尽管他支持继续在该领域进行科研）。继续能源转换，力求将法国电力生产中核电的比重从目前的百分之七十五下降到百分之五十。

　　所有这些承诺，假如它们经过量化、得到认可并且予以落实，是否就能成为一份民族纲领或者"契约"呢？显然还不行。但是不管怎么说，大量的法国人民寄希望于这位争夺爱丽舍宫的新人，是因为他带来了一份在政治大佬身上再也找不到的梦想。但愿一旦接触现实生活，这份梦想不会再次破灭。"词语本身就是事件，因为它们创造事件"，不久前去世的哲学家茨维坦·托多洛夫①这么认为。词语都有了，聚集在一起。接下来就看埃马纽埃尔·马克龙创造事件了。

埃里克·福托里诺

---

① Tzvetan Todorov（1939—2017），保加利亚裔法国文学理论家、语言学家、哲学家。

七

三个交叉的视角

一个游移派？
不，一个混合体*

　　总统大选将从二〇一六年秋季开始持续到二〇一七年春季结束，沉闷的大选序幕表明，法国文明的危机已经登峰造极，成为有目共睹的事实。体态臃肿，步履蹒跚，方向感错乱。威尼斯的一天抵得上巴黎的一周。三度参加总统竞选的前总统萨科齐像个苦行僧，有气无力地吟诵他的安全真言。奥朗德总统处处殷勤待人，爱他的人却寥寥无几，正躲在宫殿里玩社会党的乐高游戏，爱丽舍宫的气氛远

111

不如蓬帕杜夫人[①]那时候好玩。勒庞女士喷着鼻息，穆罕默德人蠢蠢欲动。我在这儿故意用"穆罕默德人"这个词，莫里哀或伏尔泰在世的话，这个词很可能出现在他们的笔下。国民阵线的某个成员了解瓦卢瓦王朝[②]的沿袭、纪尧姆·德·马肖[③]的经文诗或者莫里斯·塞弗[④]的《黛丽》吗？总之，他了解法兰西民族的特性吗？我看不一定。我们就要在这儿进行发掘，从莫里哀的东方人和伏尔泰的苏丹王入手，也就是在文学——堪称是我们的氧气和群岛——方面进行发掘。

说实话，别的就不谈了，自从蓬皮杜、马尔罗时代以来，还可加上密特朗，这样的情景还从未见过

---

* 《壹号周刊》，2016 年 9 月 13 日，第 121 期：《马克龙究竟在想什么》。——原注

① Madame de Pompadour（1721—1764），法国国王路易十五的情妇。
② 14—16 世纪统治法国的封建王朝。
③ Guillaume de Machaut（1300—1377），法国作曲家、诗人。
④ Maurice Scève（1501—1564），法国里昂派诗人，著有《黛丽，崇高道德的化身》。

呢：文学精英，至少从他们的头衔可以这么认为，都被问鼎总统宝座的欲望牵着团团转。毕业于巴黎高师、深受蒙田影响的朱佩①，没忘记自己拥有古典文学教师职衔。巴黎高师毕业生、德维尔潘②年代的记录者勒梅尔③，很愿意当个专攻文明史的教授。如今又冒出一个马克龙，名埃马纽埃尔，希伯来语的意思为"上帝与我们同在"。简直就是莎士比亚喜剧④中的帕克⑤上了 BFM TV⑥ 电视台，这个有文化的小精灵能够当着电视丑角西里尔·埃尔丹⑦的摄像机，大段背诵莫里哀，已经很厉害了，更何况晚上还能看诠释学的文章，同时解读伊普索斯民调机构最新发布的

① Alain Juppé（1945— ），法国前总理（1995—1997）。
② Dominique de Villepin（1953— ），曾担任法国总统府秘书长（1995—2002），外交部长（2002—2004），法国总理（2005—2007）。
③ Bruno Le Maire（1969— ），法国外交家、政治家。1992 年以全国第一名的成绩获得现代文学教师职衔。
④ 指《仲夏夜之梦》。
⑤ Puck，《仲夏夜之梦》中的精灵。
⑥ 法国 24 小时新闻台。
⑦ Cyrille Eldin（1973— ），法国演员、Canal＋电视台主持人。

数据，只有这家民调机构的名字听起来能令人联想到古希腊和古罗马的神明。

这个马克龙是否值得"银行担保"？在他以前就职的财政部人们常这么说。不管怎么说，他有一大把王牌可以扔在铺着绿呢子的桌上：青春朝气、精力充沛、首次纯情参选、温和而有雄心。索菲利诺街①的龟鳖被他吓得惶惶不可终日，生怕这个马克龙夺走他们嘴边的色拉菜帮子。是啊，他们怕得有道理，因为破译马克龙的基因之后，得出一些令人晕头转向的结果。他是一个游移派？不，是一个混合体。你们应该这么看。一个世纪以来，法国的政权先后被四个团体把持过，它们有各自理想的人选、各自的特质、各自的明星。直到一九四〇年，深受阿尔贝·蒂博代②喜爱的教授共和国占上风，与激进社会党一脉相承，

---

① 法国社会党总部坐落在索菲利诺街。
② Albert Thibaudet（1874—1936），法国文学批评家。

喜欢美好年代和大盘的酸菜炖肉。始于一九四五年的光荣三十年期间，主张计划经济的高级官吏改造和掌控法国。从一九八〇年代起，华尔街一统天下，金融家成为新政权渴求的全球化人选。最近十多年以来，大家明显感到网络经济创造者能够给出济世良方。

马克龙的特点在于他集这四种基础身份于一身，尽管他很年轻。他在保罗·利科的手下工作过，因此获得了他的哲学信用证：代表着教授共和国。然后他进入法国国家行政学院学习，这里是一九四五年来培养治国君王的摇篮。银行阶段接踵而至，他进入罗斯柴尔德银行，与从事兼并收购的魔法师相处了一段时期。最后，他跟同龄人一样，成为"新经济"的三明治人。一个人身上长着哲学家的肺、法国国家行政学院毕业生的声带、职业经纪人的腿和"版主"的心，这种事情不经常碰得上。

他集阿兰[①]、弗朗索瓦·布洛克-莱内[②]、米歇尔·西库埃尔[③]和马克·西蒙西尼[④]之大成吗？我们拭目以待。

至于他的夫人，娘家姓特罗尼厄，花边小报最好别光拿她的年龄说事，而去关心她以往的经历。她是一位语文教师，因此学会了彬彬有礼而不是唯利是图地看待人生。换句话说，她与同时代的许多女性不同，不希望成为附加值极高的化妆品跨国公司在新兴国家的雇员。她多半读博马舍[⑤]和兰波[⑥]的作品。生活的法则：始终宁要性感的文学女性，不要精于营销的女专家。这应该成为新纪元的口号之一，新夏娃的口号之一，镌刻在马克龙总统任期内建造的学校光荣

[①] Alain（1868—1951），法国哲学家。
[②] François Bloch-Lainé（1912—2002），法国行政高官、社会活动家。
[③] Michel Cicurel（1947— ），法国经济学家、知识分子、企业家。
[④] Marc Simoncini（1963— ），法国企业家，法语网络论坛的首创者之一。
[⑤] Pierre-Augustin Caronde Beaumarchais（1732—1799），法国启蒙主义剧作家，以《塞维利亚的理发师》和《费加罗的婚礼》闻名。
[⑥] Arthur Rimbaud（1854—1891），法国象征派诗人，超现实主义诗歌的鼻祖。

和有女人味的三角门楣上。

作家　马克·朗布龙

独燕不成春，何况布谷鸟[*]

当然啦，有人在希望，有人在梦想……这样的人
很多。唉，但愿最后总有点事儿发生吧。要是能看到
立场发生变化，新的力量迸发，撞击死气沉沉的体
制，那该多好。现在有人忽然冒出来，可能给我们带
来新生。因为他的主张与自己的阵营针锋相对，人们
称赞他有勇气。他承诺革故鼎新，破除成规，于是人
们觉得他会进行改革。埃马纽埃尔·马克龙迎合了法
国人民一个关键的期待，即结束换汤不换药的政权更

选，老是那些人轮流执政，一会儿往左，一会儿往右，毫无作为。但是，冲击老朽的政党就足以迎接时代的挑战了吗？

我们就吃不准了，特别是磕破"进步论"的漆皮之后，露出来的"马克龙主义"究竟是什么东西呢？这种构想推崇一个自由的个体，摆脱任何以往的团结互助，梦想在一个纯粹由法律和市场管控的社会中成为百万富翁。才华出众的财政部长用这个例子来拉拢郊区的青年，比任何政治演讲更能说明问题："我跑一百米，速度比不过乌塞恩·博尔特[①]，但是让乌塞恩·博尔特放慢速度，我不会因此而更加高兴！"对个人责任精神的热情赞美，忘记了必不可少的另一面：如同体育运动制订反兴奋剂规则那样，人们也希望一方面限制税收优化、社会倾销，另一方面不因此

---

* 《壹号周刊》， 2016 年 9 月 13 日，第 121 期：《马克龙究竟在想什么》。——原注
① Usain Bolt（1986— ），牙买加短跑运动员，曾打破百米跑世界纪录。

束缚施展能力的手脚。这个隐喻将人类的生存故意简化为发挥个体效率。

在埃马纽埃尔·马克龙的世界里，共和国致力"组织一个人类、社会和政治的共同体，每个人可以在那儿自主地信仰"，"各种宗教则就意义提出建议"。到目前为止，他透露了对某些主题的一部分思考——因为他认为那是次要的主题，或者那些主题比较棘手，可能会影响民众支持率。我们看到他接受了民主的进步自由主义观点，这种民主旨在无止境地发展个人的权利，通过参与消费至上的竞赛，实现本我的绽放。这是一种令人沮丧的、老套的崇拜，是一种从未经过真正定义的进步，或者一种仅限于技术演进和生活安逸的最狭义的进步。不然就接受高科技跨国公司的日益加强的控制。我们此时远离乔治·奥威尔①的思考："当有人给我介绍某个进步的东西，我首先会想，它究竟会增加还是减少我们的人性。"

不过，埃马纽埃尔·马克龙在意识形态方面采取的步骤有一个可取之处，即揭示了当前派别划分的真相，使得辩论明朗起来。他像布谷鸟那样栖息在政治的树杈上，那儿的鸟当然很多，但是比较分散。"马克龙革命"（从字源来讲，革命就是周而复始）在右派和左派都能找到追随者（尽管左派不那么情愿），在那些以进步派自诩的人中间找到信徒。那些认为他们的体制之所以失败了三十年，原因在于没有足够地向全球化经济的标准看齐的人。那些（经过几次可怕的全民公决之后）引经据典地同意依靠人民重新塑造欧洲，但建议跟笃信同样的金融资本主义信条的同一

---

① George Orwell（1903—1950），英国小说家、记者、社会评论家，代表作有《动物庄园》和《一九八四》。

批人联手合作的人。那些跟玛格丽特·撒切尔和他一样，认为不存在别的可选方案的人。

记者、随笔作家　娜塔莎·博洛尼

流动性社会与固化性社会：
埃马纽埃尔·马克龙的两难选择*

埃马纽埃尔·马克龙究竟属于右派还是属于左派，这场辩论本身就证明政治评论的词汇多么贫瘠。不是说政治文化不重要——它在投票时无疑起着关键作用。但是这种归类法不能表达一种深刻的区别。前财政部长在这种区别中占据一个令人瞩目、触及法国集体性想象核心的位置，一个将流动性社会与静止性社会对立起来的位置。二〇一四年八月入主财政部之后，这位潜在的未来总统候选人俨然成为社会流动和流通的卫士。两年来，他多次赞美成功，称赞创业，抨击三十五小时工作制、公务员体制和"一味保护既得利益"的左派，"说什么在我们国家捍卫正义，就是维持事情过去和现在的状况"。这些公开表态形成一套社会观，为"前进"运动奠定框架：在这个社会中，个人舍弃固化的社会地位，进入各种灵活的、充满活力的机构发展，跳出那些沉重的、约束他们能力发挥的条条框框，根据自己的目标，占据临时性的位置进行创业、开发项目。从这个以新兴公司为象征寓意的角度来看，不再有局内人和局外人之分，只有像自由电子那样活跃的劳动者，他们互相合作或者竞争，竞争被看成是一种健康的劳动竞赛。这种因位置流动而形成的（自行）创业者的社会是某种想象力的产物，我们无法把这种想象简单地归结为市场自由主

---

* 《壹号周刊》，2016年9月13日，第121期：《马克龙究竟在想什么》。——原注

义的表现。它有雅克·沙邦-戴尔马①提倡的"新社会"的余音，也让人想到一九八〇年代雅克·郎格②"释放能量"的呼吁，以及二〇〇七年的塞戈莱娜·罗亚尔③。她的网站"渴望未来"，像埃马纽埃尔·马克龙一样，认为法国社会保守僵化，将"灵活机动"的社会和创业视为克服各种保守行为的出路之一。

埃马纽埃尔·马克龙的梦想是"法国梦"吗？不管怎么说，它无疑吸引了一部分年轻人，以及所有那些认为当今社会过于袒护某些成员、把太多人扔在路边的人。但是它不符合国民大众的另一种想象，即对稳定性社会的向往。向往一个签订长期工作合同、享受与稳定的职位挂钩的福利，有补休假期、企业委员

① Jacques Chaban-Delmas（1915—2000），法国政治家，总理（1968—1972）。
② Jacques Lang（1939—　），法国政治家，两度出任文化部长（1981—1986，1988—1992）。
③ Ségolène Royal（1953—　），法国政治家，曾参加总统竞选，对阵萨科齐（2007）。

会、得到某个章程保护的就业安全的社会。一个拥有保护员工利益的集体组织、展开劳资斗争的社会，那是至少可以追溯到法国一八四〇年革命的历史产物。那个法国有自己的故事、自己的英雄和追求：社会和睦相处取决于每个人拥有稳定、体面的工作，享受相应的福利，能够在工作之余构建一种平衡的生活。那个法国社会于一九八一年、一九九七年和二〇一二年，三度把权力拱手让给左派，而问题就出在那儿。

埃马纽埃尔·马克龙再三指出这种社会模式的局限性。他反对食利阶层和特殊优待，也与既得的、固定的、不得罢免的身份地位作斗争。他跟法国总工会的关系起伏不定，表明他很恼火一个象征法国停滞不前的机构。他指出一个缅怀黄金三十年、充分就业、年均增长率超过百分之三的社会与当今社会现实之间的落差，太多的法国人只能"凑工时"，不停地签临时合同。他驳斥分享岗位的观点，只有具备稳定的工作合同的人才拥护这种观点，因为其余的人被排斥在劳资谈判的体制之外。但是他对自己提倡的流动性社会所面临的困境，尤其对社会阶层的固化不置一词。在法国社会中，有些公民没有能力——或者没有欲望——"前进"，毕业于法国国家行政学院的年轻银行家，当然比"加德"①的女工容易"前进"。作为幸福全球化的坚定捍卫者，埃马纽埃尔·马克龙还需要证明，他倡导的流动性社会将不会只为那些——无论社会固化不固化——都已经地位显赫的利益阶层效力：马克·扎克伯格不是你想当就当的。马克龙倡导的流动性社会，其实反映了另一种被长期掩盖、如今充分暴露的裂痕，即所谓的代沟。年轻人责怪年长者自私，抓住自己位置不放，不考虑代际传承。老一代则看到年轻人身上的个人主义倾向，忧心忡忡。当埃

---

① 布列塔尼的一家屠宰场， 2004 年处于破产清算，经济部长马克龙接受广播采访，谈到员工时不慎用了"文盲"一词，一度引起轩然大波。

马纽埃尔·马克龙声称，现在的经济建立在地位身份和各种保护的基础之上，而"真正受到不公正待遇的，是那些百分之十的失业者，是年轻人 [……] 是那些只能在体制外徘徊的人们，说到底，他们是圈外人，失败者"，他的话也许是对的。但是他忘了一点，那就是很多法国人依恋社会地位，他们对世界的认知在很大程度上取决于社会地位所带来的权利。假如与他们对着干，说不定他很快就要面临一条无情的政治法则：在一个继续存在"隐性的附带财产限制的选举制"（达尼埃尔·贾克希[1] [瑟伊出版社，1993]）的社会中，圈外人是不投票的。

政治学家　樊尚·马蒂尼

---

[1] Daniel Gaxie（1947—　），法国巴黎一大政治学教授，选举制问题专家。

图书在版编目(CIP)数据

重塑法国：法国总统马克龙访谈录/(法)埃马纽
埃尔·马克龙口述；(法)埃里克·福托里诺编；钱培
鑫译. —上海：上海译文出版社，2019. 7
ISBN 978-7-5327-8085-3

Ⅰ.①重… Ⅱ.①埃… ②埃… ③钱… Ⅲ.①马克龙
—访问记 Ⅳ.①K835.657＝6

中国版本图书馆 CIP 数据核字(2019)第 263133 号

本书根据 Édition de l'Aube 出版社 2017 年法文版译出
© Le 1/Éditions de l'Aube，2017
Macron par Macron
All rights reserved
All adaptations are forbidden.

图字：09-2018-1130 号

| 重塑法国：法国总统
马克龙访谈录
Macron par Macron | [法]埃马纽埃尔·马克龙 著
[法]埃里克·福托里诺 编
钱培鑫 译 | 出版统筹 赵武平
责任编辑 缪伶超
装帧设计 人马艺术设计·储平 |

上海译文出版社有限公司出版、发行
网址：www.yiwen.com.cn
200001 上海福建中路 193 号
杭州宏雅印刷有限公司印刷

开本 787×1092 1/32 印张 4.25 插页 5 字数 32,000
2020 年 3 月第 1 版 2020 年 3 月第 1 次印刷

ISBN 978-7-5327-8085-3/D·121
定价：49.00 元